スラスラ 韓国語 2

술술 한국어 2 별책

고려대학교 한국어센터

이유경 이윤영 홍명옥 장은경

KOREA
UNIVERSITY
PRESS
고려대학교
출판문화원

차례

제 1 과

저는 무역 회사에서 일합니다.

어휘 · 표현

1. 직업 職業	
교사	教師
교수	教授
기자	記者
번역가	翻訳家
통역가	通訳
변호사	弁護士
간호사	看護師
미용사	美容師
엔지니어	エンジニア
사업가	事業家
은행원	銀行員
군인	軍人

2. 직장 職場	
무역 회사	貿易会社
광고 회사	広告会社
제약 회사	製薬会社
증권사	証券会社
보험사	保険会社
여행사	旅行会社
출판사	出版社
신문사	新聞社
방송국	放送局

문법

1. -습니다/ㅂ니다

- '-습니다/ㅂ니다'は動詞と形容詞の語幹、'名詞 + 이다'の'名詞 + 이'について文章を終わらせ、主に会議、発表、スピー チなどの改まった場面で使われまる。

- 動詞、形容詞の語幹の最後の音節がㄹ以外の子音で終わる場合は '-습니다'を使い、ㄹや母音で終わる場合には '-ㅂ니다'を使う。
過去形は動詞、形容詞の語幹の最後の音節がㅏ、ㅗで終わる場合は'-았습니다'、ㅏ、ㅗ以外の母音で終わる場合は'-었습니다'、'-하다'のついた動詞、形容詞の場合には'-하였습니다'の縮約形の'-했습니다'を使用する。未来の予定を表す場合、動詞、形容詞の語幹の最後の音節ががㄹ以外の子音で終わる場合は'-을 것입니다'を使い、ㄹや母音で終わる場合には '-ㄹ 것입니다'を使う。
名詞の場合はパッチムの有無に関係なく、'-입니다'を使い、過去形は名詞の最後の音節が子音で終わる場合は'-이었습니다'を使い、母音で終わる場合は'- 였습니다'を使う。

먹다 : 먹 + 습니다 → 먹습니다

살다 : 살 + ㅂ니다 →삽니다

가다 : 가 + ㅂ니다 → 갑니다

좋다 : 좋 + 았습니다 → 좋았습니다

없다 : 없 + 었습니다 → 없었습니다

하다 : 하 + 였습니다 → 하였습니다 → 했습니다

읽다 : 읽 + 을 것입니다 → 읽을 것입니다

만들다 : 만들 + ㄹ 것입니다 → 만들 것입니다

보다 : 보 + ㄹ 것입니다 → 볼 것입니다

학생이다 : 학생 + 입니다 → 학생입니다

교사이다 : 교사 + 입니다 → 교사입니다

학생이다 : 학생 + 이었습니다 → 학생이었습니다

교사이다 : 교사 + 였습니다 → 교사였습니다

■ 質問をする時は '-습니까/ㅂ니까', '-입니까'の形が使われる。

- 어느 나라에서 왔습니까?
- 이름이 무엇입니까?

예 (1) 가 : 실례지만 지금 무슨 일을 합니까?
나 : 저는 회사에 다닙니다.
(2) 가 : 앞으로 계획이 어떻게 되십니까?
나 : 한일 문화 동이리를 만들 것입니디.

연습 (1) 가 : 고향이 ____________?
나 : 저는 일본 나고야에서 ____________.
(2) 가 : 취미가 ____________?
나 : 저는 시간이 있을 때 음악을 자주 ____________?

正解 (1) 어디입니까, 왔습니다 / (2) 무엇입니까, 듣습니다

2. -고 있다

- '-고 있다'は動詞の語幹について、ある時点において、その行為が進行したり、継続したりしていることを表す。

읽다 : 읽 + 고 있다 → 읽고 있다
가다 : 가 + 고 있다 → 가고 있다

- '-고 있다'の過去表現である '-고 있었다'は過去のある時点において、動作が進行していたことを表す。但し、特定の時点ではなく、過去に一定期間継続して行われていた動作は '-았/었/였-'を使わなくてはならない。

  - 어제 수미 씨가 우리집에 놀러 왔어요. 그런데 그때 저는 자고 있었어요. (○)
  - 저는 대학 때 경영학을 전공하고 있었어요. (×) → 전공했어요. (○)

예

(1) 가 : 유코 씨는 한국에서 무슨 일을 해요?
나 : 저는 한국에서 회사에 다니고 있어요.

(2) 가 : 아까 왜 전화 안 받았어요?
나 : 운전하고 있었어요. 그래서 못 받았어요.

연습

(1) 가 : 소영 씨는 지금 뭐 해요?
나 : 방에서 책을 ____________.

(2) 가 : 시노 씨 언니도 한국에 있어요?
나 : 네. 요즘 한국어를 ____________.

正解 (1) 읽고 있어요 / (2) 배우고 있어요

STEP UP

1. -(으)시-

■ '-(으)시-'は動詞、形容詞の語幹について、年齢や地位が上の人の行動や状態を高める時に使用する。

■ 動詞、形容詞の語幹の最後の音節がㄹ以外の子音で終わる場合は'-으시다'を使い、ㄹや母音で終わる場合には'-시다'を使用する。

읽다 :	읽 + 으시다 → 읽으시다
살다 :	살 + 시다 → 사시다
바쁘다 :	바쁘 + 시다 → 바쁘시다

예

(1) 가 : 지금 무슨 일을 하십니까?
나 : 저는 여행사에 다닙니다.

(2) 가 : 어디에서 오셨습니까?
나 : 저는 일본 오사카에서 왔습니다.

연습

(1) 가 : 뭘 ______________?
나 : 열쇠를 찾고 있어요.

(2) 가 : 뭐 ______________?
나 : 저는 김치찌개를 먹을래요.

正解 (1) 찾으세요 / (2) 드실래요

Memo

제2과

여기서 드실 거예요?

어휘 · 표현

1. 주문1 注文1

어떤 사이즈로 드릴까요?	サイズはいかがいたしますか。
큰 걸로 주세요.	大きいものでお願いします。
작은 걸로 주세요.	小さいものでお願いします。
머그잔에 드릴까요?	マグカップでよろしいですか。
머그잔에 주세요.	マグカップでお願いします。
일회용 컵에 주세요.	紙コップでお願いします。
여기서 드실 거예요?	こちらでお召し上がりですか。
여기서 마실 거예요.	ここで飲みます。
가져갈 거예요.	テイクアウトします。
데워 주세요.	温めてください。
진동벨로 알려 드릴게요.	ブザーでお知らせします。

2. 주문2 注文 2

여기 주문할게요.	ここ注文お願いします。
숟가락/젓가락/접시/물수건 좀 갖다 주세요.	スプーン/お皿/お箸/おしぼりを頂けますか。
상을 치워 주세요.	テーブルを片付けてください。
여기 좀 닦아 주세요.	ここちょっと拭いてください。
반찬 좀 더 주세요.	おかずをもう少しください。

문법

1. -아/어/여 보다

- ‘-아/어/여 보다’は動詞の語幹について、その動作をしてみること、すなわち試みを表す。

- 動詞、形容詞の語幹の最後の音節がㅏ、ㅗで終わる場合は‘-아 보다’を使い、ㅏ、ㅗ以外の母音で終わる場合は‘-어 보다’を使う。‘-하다’のついた動詞、形容詞の場合には‘-하여 보다’の縮約形の‘-해 보다’を使用する。

살다 : 살 + 아 보다 → 살아 보다
읽다 : 읽 + 어 보다 → 읽어 보다
하다 : 하 + 여 보다 → 하여 보다 → 해 보다

- ‘-아/어/여 보다’は場面によって経験、もしくはすすめることを表す。

  - 가 봤어요.　行ってみました。
  - 가 보세요.　行ってみなさい。

예 (1) 가 : 이번 휴가 때 어디에 갈 거예요?
나 : 제주도에 가 보고 싶어요.
(2) 가 : 이번 일 에리 씨가 한 번 해 보세요.
나 : 네. 제가 해 볼게요.

연습 (1) 가 : 갈비를 ____________?
나 : 네. 전에 한 번 먹었어요.
(2) 가 : 지나 씨를 알아요?
나 : 아니요. 아직 못 ____________.

正解 (1) 먹어 봤어요 / (2) 만나 봤어요

2. -는 것 같다/(으)ㄴ 것 같다

- '-는 것 같다/(으)ㄴ 것 같다'は動詞、形容詞の語幹、'名詞+이다'の'名詞+이'について、現在の推測を表す。また'-는 것 같다/(으)ㄴ 것 같다'は、話し手の考えを控えめに表現する時にも使用する。

- 動詞の場合は語幹に'-는 것 같다'をつき、形容詞の場合は語幹の最後の音節がㄹ以外の子音で終わる場合は'-은 것 같다'を使い、ㄹや母音で終わる場合には'-ㄴ 것 같다'を使用する。名詞の場合はパッチムの有無に関係なく、'-인 것 같다'を使う。

먹다 : 먹 + 는 것 같다 → 먹는 것 같다
살다 : 살 + 는 것 같다 → 사는 것 같다
가다 : 가 + 는 것 같다 → 가는 것 같다
작다 : 작 + 은 것 같다 → 작은 것 같다
길다 : 길 + ㄴ 것 같다 → 긴 것 같다
크다 : 크 + ㄴ 것 같다 → 큰 것 같다
학생이다 : 학생 + 인 것 같다 → 학생인 것 같다
교사이다 : 교사 + 인 것 같다 → 교사인 것 같다

- 形容詞の中で'있다, 없다'を含む'재미있다, 맛있다, 멋있다'などは'-는 것 같다'をつけて'재미있는 것 같다, 맛있는 것 같다, 멋있는 것 같다'のように使われる。

예

(1) 가 : 미라 씨는 뭐 먹을 거예요?
나 : 비빔밥이 유명한 것 같아요. 비빔밥을 먹을래요.

(2) 가 : 영수 씨는 어디에 살아요?
나 : 학교 근처에 사는 것 같아요.

연습

(1) 가 : 밖에 날씨가 어때요?
나 : 비가 ____________. 사람들이 다 우산을 쓰고 있어요.

(2) 가 : 시노 씨 동생도 회사원이에요?
나 : 글쎄요. 잘 모르겠지만, 아직 ____________.

正解 (1) 오는 것 같아요 / (2) 학생인 것 같아요

제 3 과

동생은 눈이 크고 얼굴이 작아요.

어휘 · 표현

1. 체격 体格	
체격이 크다/작다	体格が大きい/小さい
키가 크다/작다	背が高い/低い
어깨가 넓다/좁다	肩幅が広い/狭い
다리가 길다/짧다	足が長い/短い
날씬하다	すらりとしている
마르다	痩せている

2. 얼굴 顔

얼굴이 크다/작다	顔が大きい/小さい
얼굴이 동그랗다	丸顔だ
얼굴이 갸름하다	顔が面長だ
눈이 크다/작다	目が大きい/小さい
쌍꺼풀이 있다/없다	二重がある/ない
코가 높다/낮다	鼻が高い/低い
입술이 두껍다/얇다	唇が厚い/薄い

문법

1. -는/(으)ㄴ

- '-는/(으)ㄴ'は動詞と形容詞の語幹、'名詞 + 이다'の'名詞 + 이'について、後ろにくる名詞を修飾し、現在の動作や状態を表す。

- 動詞の場合は語幹に'-는'をつき、形容詞の場合は語幹の最後の音節がㄹ以外の子音で終わる場合は'-은'を使い、ㄹや母音で終わる場合には'-ㄴ'を使用する。名詞の場合はパッチムの有無に関係なく、'-인'を使う。

먹다 : 먹 + 는 → 먹는
살다 : 살 + 는 → 사는
가다 : 가 + 는 것 → 가는
작다 : 작 + 은 → 작은
길다 : 길 + ㄴ → 긴
크다 : 크 + ㄴ → 큰
학생이다 : 학생 + 인 → 학생인
의사이다 : 의사 + 인 → 의사인

- 形容詞の中で'있다, 없다'を含む'재미있다, 맛있다, 멋있다'などは'-는'をつけて'재미있는, 맛있는, 멋있는'のように使われる。

예

(1) 가 : 누가 재영 씨 언니예요?

나 : 저기 키가 작은 사람이 우리 언니예요.

(2) 가 : 우리 맛있는 거 먹으러 가요.

나 : 네. 좋아요. 특별히 좋아하는 음식이 있어요?

연습

(1) 가 : 우리 이번에 어디로 여행을 갈까요?

나 : 먼 곳 말고 ______________ 곳으로 가는 게 어때요?

(2) 가 : 성희 씨, 지금 ______________ 집은 어때요?

나 : 방도 넓고 교통도 편리해서 좋아요.

正解 (1) 가까운 / (2) 사는

2. -는/(으)ㄴ 편이다

- '-는/(으)ㄴ 편이다'は動詞、形容詞の語幹について、主語がその動作をする傾向があることを表したり、その状態に属していることを表す。

- 動詞の場合は語幹に'-는 편이다'をつき、形容詞の場合は語幹の最後の音節がㄹ以外の子音で終わる場合は'-은 편이다'を使い、ㄹや母音で終わる場合には'-ㄴ 편이다'を使用する。

먹다 : 먹 + 는 → 먹는 편이다
만들다 : 만들 + 는 → 만드는 편이다
가다 : 가 + 는 것 → 가는 편이다
작다 : 작 + 은 → 작은 편이다
길다 : 길 + ㄴ → 긴 편이다
크다 : 크 + ㄴ → 큰 편이다

- 形容詞の中で'있다, 없다'を含む'재미있다, 맛있다, 멋있다'などは'-는 편이다'と合わさって'재미있는 편이다, 맛있는 편이다, 멋있는 편이다'のように使われる。

예 (1) 가 : 수지 씨 동생도 체격이 커요?

나 : 아니요, 저는 체격이 큰 편이지만 제 동생은 체격이 작은 편이에요.

(2) 가 : 유스케 씨는 어릴 때도 운동을 잘했어요?

나 : 아니요, 어릴 때는 운동을 잘 못하는 편이었어요.

연습 (1) 가 : 하나키 씨는 일찍 ______________?

나 : 네. 저는 일찍 자고 일찍 ______________.

(2) 가 : 현수 씨가 먹는 비빔밥도 매워요?

나 : 네. 이 식당 음식은 좀 ______________.

正解 (1) 자는 편이에요, 일어나는 편이에요 / (2) 매운 편이에요

STEP UP

1. 現在の状態を表現する過去形

- ‘잘생기다(かっこいい)’は形容詞、‘마르다(痩せている), 닮다(似ている)’は動詞として、現在の状態を表現する時、‘잘생겼다, 말랐다, 닮았다’のように過去形を使う。また、‘-는/(으)ㄴ’と結合し、後ろにくる名詞を修飾する時には‘잘생긴, 마른, 닮은’の形をとる。‘-는/(으)ㄴ편이다’を結合する時は、‘잘생긴 편이다, 마른 편이다, 닮은 편이다’の形をとる。

예

(1) 가 : 수미 씨는 누구를 닮았어요?
나 : 저는 어머니를 닮았어요.

(2) 가 : 영화배우 김재혁 좋아해요?
나 : 네. 잘생겨서 좋아해요.

연습

(1) 가 : 유이코 씨 동생도 유이코 씨처럼 말랐어요?
나 : 네. 제 동생도 ____________ 편이에요.

(2) 가 : 영진 씨는 아버지를 더 많이 ____________ 것 같아요.
나 : 네. 저는 아버지를 닮고 형은 어머니를 닮았어요.

正解 (1) 마른 / (2) 닮은

2. ㅎ不規則

■ '동그랗다(丸い)'のようにㅎパッチムを持つ形容詞('좋다'は除外)は、後ろに母音で始まる語尾がつくとき、次のように活用する。語尾が'-아/어/여-'で始まる場合は/ㅎ/が/ㅣ/に化して活用し、語尾が'-으-'で始まる場合(例:'-(으)ㄴ, -(으)ㄹ 거예요')は/ㅎ/が脱落する。

- 좋다 → 좋아요, 좋았어요, 좋은, 좋을 거예요 / 좋고, 좋지만
- 동그랗다 → 동그래요, 동그랬어요, 동그란, 동그랄 거예요 / 동그랗고, 동그랗지만
- 빨갛다 → 빨개요, 빨갰어요, 빨간, 빨갈 거예요 / 빨갛고, 빨갛지만
- 어떻다 → 어때요, 어땠어요, 어떤 / 어떻게
- 하얗다 → 하얘요, 하얬어요, 하얀, 하얄 거예요 / 하얗고, 하얗지만

■ 次の語は代表的なㅎ不規則形容詞である。

- 동그랗다　커다랗다　기다랗다　어떻다
  노랗다　빨갛다　파랗다　하얗다　까맣다

예

(1) 가 : 어떤 사람을 좋아해요?
나 : 얼굴이 하얗고, 눈이 커다란 사람을 좋아해요.

(2) 가 : 명동에 어떻게 가요?
나 : 저기 오는 파란 버스를 타세요.

연습

(1) 가 : 날씨가 어때요?
나 : 오늘은 시원하고 하늘도 ______________.

(2) 가 : 뭘 보여 드릴까요?
나 : 저기 ______________ 가방을 보여 주세요.

正解 (1) 파래요 / (2) 빨간

제4과

원피스 좀 보여 주세요.

어휘 · 표현

1. 옷의 종류 服の種類

정장	スーツ
원피스	ワンピース
치마	スカート
청바지	ジーンズ
면바지	綿パンツ
반바지	短パン
재킷	ジャケット
점퍼	ジャンパー
코트	コート
블라우스	ブラウス
티셔츠	Tシャツ
남방	シャツ
카디건	カーディガン
스웨터	セーター
조끼	ベスト

2. 탈착 표현 着脱表現	
모자를 쓰다/벗다	帽子を被る/脱ぐ
안경을 쓰다/벗다	眼鏡をかける/取る
옷을 입다/벗다	服を着る/脱ぐ
넥타이를 매다/풀다	ネクタイを締める/解く
신발을/양말을 신다/벗다	靴を/靴下をはく/脱ぐ
귀걸이를 하다/빼다	イヤリングをする/外す
목걸이를 하다/풀다	ネックレスをする/外す
스카프를/목도리를 하다/풀다	スカーフを/マフラーをする/外す
반지를 끼다/빼다	指輪をはめる/外す
시계를 차다/풀다	時計をする/外す

문법

1. -는데/(으)ㄴ데

- '-는/(으)ㄴ데'は、動詞と形容詞の語幹、'名詞 + 이다'の'名詞 + 이'について、後ろにくる文の内容と関連のある状況や背景を事前に提示する時に使われ、後ろには主に、説明、提案、命令、質問などの内容がくる。

- 動詞の場合は語幹に'-는데'をつき、形容詞の語幹の最後の音節がㄹ以外の子音で終わる場合は'-은데'を使い、ㄹや母音で終わる場合には'-ㄴ데'を使用する。
  過去形は動詞、形容詞の語幹に'-았는데/었는데/였는데'を使い、名詞は '-이었는데/였는데'を使う。

먹다 : 먹 + 는 → 먹는데

살다 : 살 + 는 → 사는데

가다 : 가 + 는 것 → 가는데

작다 : 작 + 은 → 작은데

길다 : 길 + ㄴ → 긴데

크다 : 크 + ㄴ → 큰데

학생이다 : 학생 + 인 → 학생인데

교사이다 : 교사 + 인 → 교사인데

■ 形容詞の中で'있다, 없다'を含む'재미있다, 맛있다, 멋있다'などは'-는데'と合わさって'재미있는데, 맛있는데, 멋있는데'のように使われる。

예

(1) 가 : 모레 면접이 있는데 정장을 아직 못 샀어요.
나 : 그래요? 그럼 같이 백화점에 가 볼래요?

(2) 가 : 제가 어제 명동에 갔는데 거기서 수미 씨를 만났어요.
나 : 그래요? 저도 수미 씨 보고 싶은데 다음에 같이 한 번 봐요.

연습

(1) 가 : 오늘 날씨도 ____________ 오랜만에 드라이브 할까요?
나 : 네. 좋아요. 춘천에 가는 게 어때요?

(2) 가 : 저 편의점에 ____________ 뭐 필요한 거 없어요?
나 : 집에 우유가 ____________ 좀 사다 주세요.

正解 (1) 좋은데 / (2) 가는데, 없는데

2. -(으)ㄹ 것 같다

- '-(으)ㄹ 것 같다'は動詞と形容詞の語幹、'名詞 + 이다'の'名詞 + 이'について、根拠が弱い推測を表したり、自分の意見を遠回しに表現する時に使われる。

- 動詞、形容詞の語幹の最後の音節がㄹ以外の子音で終わる場合は'-을 것 같다'を使い、ㄹや母音で終わる場合には'-ㄹ 것 같다'を使用する。名詞の場合はパッチムの有無に関係なく、'-일 것 같다'を使う。過去形は動詞、形容詞の語幹に'-았을/었을/였을 것 같다'を使い、名詞は '-이었을/였을 것 같다'を使う。

먹다 : 먹 + 을 것 같다 → 먹을 것 같다

살다 : 살 + ㄹ 것 같다 → 살 것 같다

예쁘다 : 예쁘 + ㄹ 것 같다 → 예쁠 것 같다

학생이다 : 학생 + 일 것 같다 → 학생일 것 같다

교사이다 : 교사 + 일 것 같다 → 교사일 것 같다

예

(1) 가 : 이 목걸이는 어떠세요?
나 : 글쎄요. 저한테 잘 안 어울릴 것 같아요.

(2) 가 : 유라 씨가 케이크를 샀을까요?
나 : 아니요. 안 샀을 것 같아요. 한 번 전화해 보세요.

연습

(1) 가 : 이거 맛있을까요?
나 : 네. ____________. 우리 그거 먹어요.

(2) 가 : 이번 시험은 ____________. 자신이 없네요.
나 : 저는 미키 씨가 시험을 잘 볼 수 있을 것 같은데요. 힘내세요.

正解 (1) 맛있을 것 같아요 / (2) 어려울 것 같아요

STEP UP

1. -아/어/여 보이다

- '-아/어/여 보이다'は形容詞の語幹について、ある状態に見えることを表す。

- 形容詞の語幹の最後の音節がㅏ、ㅗで終わる場合は'-아 보이다'を使い、ㅏ、ㅗ以外の母音で終わる場合は'-어 보이다'を使う。'-하다'のついた形容詞の場合には'-하여 보이다'の縮約形の'-해 보이다'を使用する。

작다 : 작 + 아 보이다 → 작아 보이다

맛있다 : 맛있 + 어 보이다 → 맛있어 보이다

시원하다 : 시원하 + 여 보이다 → 시원하여 보이다 → 시원해 보이다

예

(1) 가 : 이 청바지는 다리가 길어 보여서 인기가 많아요.
나 : 그래요? 한 번 입어 볼게요.

(2) 가 : 파란색 원피스를 입으니까 시원해 보이네요.
나 : 여름이라서 하나 샀어요.

연습

(1) 가 : 이거 뭐예요? ______________.
나 : 제가 만들었어요. 한 번 드셔 보세요.

(2) 가 : 하나에 씨, 오늘 ______________.
나 : 네. 어제 일이 많아서 늦게까지 일을 했어요.

正解 (1) 맛있어 보여요 / (2) 피곤해 보여요

2. -(으)ㄹ까요

- '-(으)ㄹ까요'は動詞、形容詞の語幹、'名詞 + 이다'の'名詞 + 이'について、まだ起ってないことや、よくわからないことに対して、話し手が推測して質問する時に使われる。

- 動詞、形容詞の語幹の最後の音節がㄹ以外の子音で終わる場合は'-을까요'を使い、ㄹや母音で終わる場合には'-ㄹ까요'を使用する。名詞の場合はパッチムの有無に関係なく、'-일까요'を使う。過去の事実について推測して質問する時は動詞、形容詞の語幹に'-았을까요/었을까요/였을까요'を使い、名詞は '-이었을까요/였을까요'を使う。

좋다 : 좋 + 을까요 → 좋을까요
만들다 : 만들 + ㄹ까요 → 만들까요
하다 : 하 + ㄹ까요 → 할까요
학생이다 : 학생 + 일까요 → 학생일까요
교사이다 : 교사 + 일까요 → 교사일까요

예

(1) 가 : 이게 저한테 맞을까요?
나 : 아니요. 조금 클 것 같아요.

(2) 가 : 사에 씨는 일본에 도착했을까요?
나 : 오전에 출발했으니까 지금쯤 도착했을 거예요.

연습

(1) 가 : 이거 ____________?
나 : 아니요. 별로 안 매울 거예요.

(2) 가 : 그 가게는 몇 시에 문을 ____________?
나 : 글쎄요. 아마 아홉 시 정도에 열 거예요.

正解 (1) 매울까요 / (2) 열까요

Memo

제5과

부탁이 하나 있는데요.

어휘 · 표현

1. 부탁 依頼

부탁이 있다	お願いがある
부탁을 하다	お願いをする
부탁을 드리다	お願い申し上げる
부탁을 받다	依頼を受ける
부탁을 들어주다	願いを聞き入れる
부탁을 거절하다	依頼を断る
도움을 받다	手助けを受ける
도와주다	手伝ってくれる・あげる

2. 부탁 수락과 거절 依頼承諾と断り

정말 고마워요.	本当にありがとうございます。
아니에요.	いいえ。
고맙기는요.	ありがたいだなんて。
별것도 아닌데요.	大したことでもないですよ。
미안해요.	すいません。
어떡하지요?	どうしましょう。
-아서/어서/여서 힘들겠는데요.	-で難しそうです。

문법

1. -아/어/여 주다

- '-아/어/여 주다'は動詞の語幹について、ある行為の恩恵がある対象に移動することを表す。

- '-아/어/여 드리다'はある行為の恩恵を受ける人が、主語より歳や地位が上の人であることを示す時に使う。

- 動詞の語幹の最後の音節がㅏ、ㅗで終わる場合は'-아 주다'を使い、ㅏ、ㅗ以外の母音で終わる場合は'-어 주다'を使う。'-하다'のついた動詞の場合には'-하여 주다'の縮約形の'-해 주다'を使用する。

받다 : 받 + 아 주다 → 받아 주다

읽다 : 읽 + 어 주다 → 읽어 주다

하다 : 하 + 여 주다 → 하여 주다 → 해 주다

- 이것 좀 (저에게) 보여 주세요. **これをちょっと(私に)見せてください。**
- 이것 좀 수미 씨에게 보여 주세요. **これをスミさんに見せてあげてください。**

예 (1) 가 : 이거 어디에서 샀어요? 정말 예쁘네요.

나 : 예쁘지요? 친구가 만들어 줬어요.

(2) 가 : 저기, 이것 좀 한 번 봐 주세요.

나 : 네. 뭔데요?

연습 (1) 가 : 잠깐만 ______________.

나 : 네. 여기에 있을게요.

(2) 가 : 휴대 전화 좀 ______________. 집에 놓고 왔어요.

나 : 여기 있어요. 쓰세요.

正解 (1) 기다려 주세요 / (2) 빌려 주세요

2. -(으)ㄹ게요

■ '-(으)ㄹ게요'は動詞の語幹について話し手の意思、すなわち、ある状況に対する話し手のすばやい意志を表す。

■ 動詞の語幹の最後の音節がㄹ以外の子音で終わる場合は '-을게요'を使い、ㄹや母音で終わる場合には'-ㄹ게요'を使用する。

읽다 : 읽 + 을게요 → 읽을게요
만들다 : 만들 + ㄹ게요 → 만들게요
하다 : 하 + ㄹ게요 → 할게요

예

(1) 가 : 준수 씨, 민지 씨한테 오늘 회의 내용 좀 알려 주세요.
나 : 지금 자리에 없으니까 이따가 전할게요.

(2) 가 : 제가 민준 씨 생일 선물을 준비할게요.
나 : 그럼 저는 케이크를 만들게요.

연습

(1) 가 : 이거 너무 무겁네요. 좀 도와주세요.
나 : 네, 제가 ____________.

(2) 가 : 이 시디 선물이에요. 이 가수 좋아하죠?
나 : 네, 너무너무 좋아해요. 고마워요. 잘 ____________.

正解 (1) 도와줄게요 / (2) 들을게요

STEP UP

1. -기는요

■ '-기는요'は動詞、形容詞の語幹について相手の意見を軽く否定する時に使用したり、相手が自分を称賛した時などに謙遜した態度を示す際などに使用され、相手の言葉を反復して表現する。

힘들다 : 힘들 + 기는요 → 힘들기는요

사다 : 사 + 기는요 → 사기는요

예

(1) 가 : 보고서를 다 썼어요?
나 : 다 쓰기는요. 아직 시작도 못 했어요.

(2) 가 : 한국말 잘하시네요.
나 : 잘하기는요. 아직 부족한 게 많아요.

연습

(1) 가 : 바쁜데 와 주셔서 고마워요.
나 : ______________. 결혼 축하해요.

(2) 가 : 여행 가서 재미있었어요?
나 : ______________. 계속 비가 와서 호텔에만 있었어요.

正解 (1) 고맙기는요 /(2) 재미있기는요

제6과

너무 긴장돼서 실수를 했어요.

어휘 · 표현

1. 기분 · 감정1 気持・感情 1

기분이 좋다	気分が良い
기분이 나쁘다	気分が悪い
짜증이 나다	いらいらする
속상하다	悔しい
화가 나다	腹が立つ
긴장되다	緊張する

2. 기분 · 감정2 気持・感情 2

기쁘다	うれしい
슬프다	悲しい
즐겁다	楽しい
외롭다	寂しい
무섭다	怖い
아쉽다	残念だ
섭섭하다	(別れるのが)寂しい
창피하다	恥ずかしい
부끄럽다	気恥ずかしい
행복하다	幸せだ

문법

1. -(으)ㄹ 때

- ‘-(으)ㄹ 때’は動詞と形容詞の語幹、‘名詞 + 이다’の‘名詞 + 이’について、後ろにくる文の内容が行われる時間を説明する時に使われる。

- 動詞、形容詞の語幹の最後の音節がㄹ以外の子音で終わる場合は‘-을 때’を使い、ㄹや母音で終わる場合には‘-ㄹ 때’を使用する。名詞の場合はパッチムの有無に関係なく、‘-일 때’を使う。

많다 : 많 + 을 때 → 많을 때
살다 : 살 + ㄹ 때 → 살 때
가다 : 가 + ㄹ 때 → 갈 때
학생이다 : 학생 + 일 때 → 학생일 때
교사이다 : 교사 + 일 때 → 교사일 때

- ‘-(으)ㄹ 때’は前後の文章の行為や状態が、同じ時間に行われる時に使用する。‘-(으)ㄹ 때’の前にくる文章の行為や状態が完了した後に、後ろにくる行為や状態が行われる場合、動詞・形容詞は‘-았을/었을/였을 때’を使い、名詞は‘-이었을/였을 때’を使う。

- 名詞の場合は‘名詞 + 때’の形でも時間を表す。
  - 스무 살 때, 대학생 때, 방학 때

예 (1) 가 : 점심 식사는 보통 어디에서 해요?

나 : 보통 근처 식당에서 먹지만 시간이 없을 때는 사무실에서 먹어요.

(2) 가 : 승기 씨는 언제 왔어요?

나 : 우리가 저녁을 다 먹었을 때 왔어요.

연습 (1) 가 : 언제 제일 행복해요?

나 : 우리 아기의 웃는 얼굴을 ____________ 제일 행복해요.

(2) 가 : 재성 씨, 혹시 냉장고에서 배 못 봤어요?

나 : 아, 그거요? 불고기를 ____________ 썼어요.

正解 (1) 볼 때 / (2) 만들 때

2. -겠-

■ '-겠-'は動詞、形容詞の語幹、'名詞+이다'の'名詞+이'について、話している時の状況や状態を根拠に、現在や未来のことを推測する時に使われる。

좋다 : 좋 + 겠어요 → 좋겠어요

오다 : 오 + 겠어요 → 오겠어요

학생이다 : 학생 + 이겠어요 → 학생이겠어요

의사이다 : 의사 + 겠어요 → 의사겠어요

■ '-겠-'は過去のことについて推測する場合、動詞・形容詞は'-았겠/었겠/였겠-'、'名詞+이다'は-이었겠/였겠-'を使用する。

예

(1) 가 : 성민 씨는 아직 안 왔어요?
나 : 이제 여덟 시니까 곧 오겠지요. 조금만 더 기다려 봐요.

(2) 가 : 어제 압구정동에서 가수 정태인을 봤어요.
나 : 와, 현정 씨 정태인 팬 아니에요? 좋았겠어요.

연습

(1) 가 : 이번에도 장학금을 못 받았어요.
나 : 열심히 공부했는데 ____________.

(2) 가 : 이번 주말에 친구들하고 제주도에 갈 거예요.
나 : ____________. 여기저기 구경 많이 하고 오세요.

正解 (1) 속상하겠어요 / (2) 재미있겠어요

STEP UP

1. -아하다/어하다/여하다

- '기뻐하다'は'기쁘다 + '-아하다/어하다/여하다'の形で、'-아하다/어하다/여하다'は形容詞の語幹について、形容詞を動詞に変える。形容詞は1人称の主語の場合のみ使用することができ、他の人の感情や思いを表す時は'-아하다/어하다/여하다'をつけた'기뻐하다, 슬퍼하다, 즐거워하다'を使わなければならない。

- 形容詞の語幹の最後の音節がㅏ、ㅗで終わる場合は'-아하다'を使い、ㅏ、ㅗ以外の母音の場合は'-어하다'を使う。'-하다'のついた形容詞の場合には'-하여하다'の縮約形の'-해하다'を使用する。

좋다 : 좋 + 아하다 → 좋아하다

싫다 : 싫 + 어하다 → 싫어하다

속상하다 : 속상하 + 여하다 → 속상하여하다
→ 속상해하다

예

(1) 가 : 명옥 씨는 할머니하고 친한 것 같아요.

나 : 네. 어릴 때부터 할머니께서 저를 많이 예뻐하셨어요.

(2) 가 : 지원 씨에게 선물을 줬어요?

나 : 네. 지원 씨가 선물을 받고 아주 좋아했어요.

연습

(1) 가 : 대학 시험에 합격해서 기쁘겠어요.

나 : 네. 저도 기쁘지만 부모님께서 더 ____________.

(2) 가 : 요즘 감기 때문에 ____________ 사람이 많은 것 같아요.

나 : 저도 감기에 걸려서 며칠 동안 아주 힘들었어요.

正解 (1) 기뻐하셨어요 / (2) 힘들어하는

Memo

제 7 과

유자차를 마시면 목이 덜 아플 거예요.

어휘 · 표현

1. 신체 身体

얼굴	顔	눈	目
코	鼻	입	口
귀	耳	머리	頭
목	首	어깨	肩
팔	腕	손	手
가슴	胸	배	腹
다리	脚	무릎	膝
발	足	허리	腰

2. 증상 症状	
소화가 안 되다	消化不良だ
토하다	吐く
배탈이 나다	お腹をこわす
설사를 하다	下痢をする
감기에 걸리다	風邪を引く
콧물이 나다	鼻水が出る
기침이 나다	咳が出る
열이 나다	熱が出る
목이 붓다	喉が腫れる
두통이 심하다	頭痛が激しい
근육통이 심하다	筋肉痛が激しい
가렵다	かゆい

문법

1. -(으)ㄴ

- '-(으)ㄴ'は動詞の語幹について、後ろにくる名詞を修飾し、その動作が過去に起ったり、完了したりしたことを表す。

- 動詞の語幹の最後の音節がㄹ以外の子音で終わる場合は '-은'を使い、ㄹや母音で 終わる場合は '-ㄴ'を使う。

먹다 : 먹 + 은 → 먹은

만들다 : 만들 + ㄴ → 만든

가다 : 가 + ㄴ →간

예 (1) 가 : 요즘 감기에 걸린 사람이 많아요.
나 : 날씨가 추워서 그런 것 같아요.
(2) 가 : 이거 제가 만든 건데 한 번 드셔 보세요.
나 : 감사합니다. 잘 먹을게요.

연습 (1) 가 : 이 가방 새로 샀어요?
나 : 아니요. 생일 때 선물로 ____________ 거예요.
(2) 가 : 누가 백현 씨예요?
나 : 저기 안경을 ____________ 사람이 백현 씨예요.

正解 (1) 받은 / (2) 쓴

2. -(으)면

- '-(으)면'は動詞、形容詞の語幹、'名詞+이다'の'名詞+이'について、ある事象に関する仮定や条件を表す。

- '-(으)면'の後ろの文には'-(으) ㄹ 거예요'といった推測表現や'-고 싶다'といった希望の表現が主に使われる。

- 動詞、形容詞の場合は語幹の最後の音節がㄹ以外の子音で終わる場合は'-으면'を使い、ㄹや母音で終わる場合には'-면'を使用する。名詞の場合は名詞の最後の音節が子音で終わる場合は'-이면'を使い、母音で終わる場合は'- 면'を使う。

먹다 : 먹 + 으면 → 먹으면
만들다 : 만들 + 면 → 만들면
크다 : 크 + 면 → 크면
학생이다 : 학생 + 이면 → 학생이면
교사이다 : 교사 + 면 → 교사면

- '-(으)면'の前にくる文章の行為や状態が完了した事象を仮定する時には、動詞・形容詞の場合には'-았으면/었으면/였으면'を使い、名詞の場合には'-이었으면/였으면'を使う。

예 (1) 가 : 복권에 당첨되면 뭐 하고 싶어요?

나 : 만약에 1등에 당첨되면 큰 집을 살 거예요.

(2) 가 : 저기요, 신청서를 다 썼는데요.

나 : 다 쓰셨으면 저한테 주세요.

연습 (1) 가 : 두통이 심해서 어제 한숨도 못 잤어요.

나 : 그렇게 계속 ____________ 병원에 가세요.

(2) 가 : 소리가 좀 크네요. 이어폰으로 그렇게 ____________ 귀에 안 좋아요.

나 : 네. 조심할게요.

正解 (1) 아프면 / (2) 들으면

STEP UP

1. -지 말다

■ '-지 말다'は動詞の語幹について、動作の禁止を要求する表現である。'-지 말다'は'-지 마세요、-지 말고 -(으)세요'のようによく使われる。

먹다 : 먹 + 지 말다 → 먹지 말다

보다 : 보 + 지 말다 → 보지 말다

예

(1) 가 : 요즘 자주 소화가 안 돼요.
나 : 그러면 너무 짜고 매운 음식은 먹지 마세요.

(2) 가 : 은경 씨, 저 먼저 출발할까요?
나 : 네. 기다리지 말고 먼저 가세요.

연습

(1) 가 : 내일 약속 시간이 몇 시예요?
나 : 아침 8시니까 ______________.

(2) 가 : 자꾸 기침이 나요.
나 : 감기인 것 같네요. 밖에 ______________ 집에서 쉬세요.

正解 (1) 늦지 마세요 / (2) 나가지 말고

2. ㅅ不規則

- 붓다(腫れる)'のようにㅅパッチムのある動詞や形容詞の中には、後ろに母音で始まる語尾と結び付くと/ㅅ/が脱落するものがある。

  - 웃다 → 웃어요, 웃었어요, 웃을 거예요 / 웃고, 웃지만
  - 붓다 → 부어요, 부었어요, 부을 거예요 / 붓고, 붓지만
  - 낫다 → 나아요, 나았어요, 나을 거예요 / 낫고, 낫지만

- 次の語は代表的なㅅ不規則動詞、形容詞である。

  - 붓다　짓다　긋다　젓다　낫다

예　(1)　가 : 눈병이 잘 안 나아요.
　　　　나 : 눈을 만지지 말고 손을 자주 씻으세요.
　(2)　가 : 어제 다쳐서 발목이 많이 부었어요.
　　　　나 : 그럼 여기 앉아서 좀 쉬세요.

연습　(1)　가 : 감기는 좀 어때요?
　　　　나 : 이제 다 ____________ 괜찮아요.
　(2)　가 : 눈이 많이 ____________ 것 같아요.
　　　　나 : 아니에요. 알레르기 때문에 부었어요.

正解 (1) 나아서 / (2) 부은

Memo

제8과

한복을 입어 본 적이 있어요.

어휘 · 표현

1. 문화 체험 文化体験

한국 음식을 만들다	韓国料理を作る
한복을 입다	韓服を着る
도자기를 만들다	陶磁器を作る
한옥에서 묵다	韓屋に泊まる
템플 스테이를 하다	テンプルステイをする
공연을 감상하다	公演を鑑賞する
태권도를 배우다	テコンドーを習う
사물놀이를 배우다	サムルノリを習う

2. 감상 感想

신기하다	不思議だ
특이하다	変わっている
인상적이다	印象的だ
감동적이다	感動的だ
즐겁다	楽しい
별로이다	今ひとつだ
그저 그렇다	まあまあだ
실망스럽다	がっかりだ

문법

1. -(으)ㄴ 적이 있다/없다

- '-(으)ㄴ 적이 있다/없다'は、動詞の語幹について、過去の経験の有無を表す。

- 動詞の語幹の最後の音節がㄹ以外の子音で終わる場合は'-은 적이 있다/없다'を使い、ㄹや母音で終わる場合には'-ㄴ 적이 있다/없다'を使用する。

먹다 : 먹 + 은 적이 있다/없다 → 먹은 적이 있다/없다
만들다 : 만들 + ㄴ 적이 있다/없다 → 만든 적이 있다/없다
가다 : 가 + ㄴ 적이 있다/없다 → 간 적이 있다/없다

예
(1) 가 : 광주에 가 본 적이 있어요?
나 : 아니요. 가 본 적이 없어요.
(2) 가 : 태권도를 배워 본 적이 있어요?
나 : 네. 전에 한국에서 유학할 때 배워 본 적이 있어요.

연습
(1) 가 : 저 분을 전에 ____________?
나 : 아니요. 오늘 처음 만났어요.
(2) 가 : 어제 연등 만들기 체험을 하고 왔어요.
나 : 그래요? 저도 전에 절에 가서 연등을 ____________.

正解 (1) 만난 적이 있어요 / (2) 만든 적이 있어요

2. -아야겠다/어야겠다/여야겠다

■ '-아야겠다/어야겠다/여야겠다'は動詞の語幹について、話している時の状況や状態を根拠に、話し手がある行動をしなくてはいけないという意志を表現する時に使われる。

■ 動詞の語幹の最後の音節がㅏ、ㅗで終わる場合は'-아야겠다'を使い、ㅏ、ㅗ以外の母音の場合は'-어야겠다'を使う。'-하다'のついた動詞の場合には'-하여야겠다'の縮約形の'-해야겠다'を使用する。

받다 : 받 + 아야겠다 → 받아야겠다

읽다 : 읽 + 어야겠다 → 읽어야겠다

하다 : 하 + 여야겠다 → 하여야겠다 → 해야겠다

■ ある行動をしてはいけないという意志を表現する時は'-지 말아야겠다'を使う。

예

(1) 가 : 도자기 체험은 예약을 하면 할인이 돼요.
나 : 그래요? 그럼 가기 전에 꼭 예약해야겠네요.

(2) 가 : 눈이 많이 왔네요.
나 : 그래요? 그럼 오늘은 운전을 하지 말아야겠네요.

연습

(1) 가 : 여기는 특히 과일이 싸요.
나 : 그러네요. 저도 과일을 좀 ____________.

(2) 가 : 이번 학기 성적은 어때요?
나 : 별로 안 좋아요. 다음 학기에는 열심히 ____________.

正解 (1) 사야겠어요 / (2) 공부해야겠어요

STEP UP

1. -게

■ '-게'は形容詞の語幹について、後ろにくる動詞を具体的に説明する時に使われる。

작다 : 작 + 게 → 작게

크다 : 크 + 게 → 크게

예

(1) 가 : 머리를 예쁘게 잘랐네요.
나 : 저한테 잘 어울려요? 고마워요.

(2) 가 : 맛있게 드세요.
나 : 네. 잘 먹을게요.

연습

(1) 가 : 휴가를 ______________ 보냈어요?
나 : 네. 정말 재미있었어요.

(2) 가 : 글씨가 작은데 좀 ______________ 써 주세요.
나 : 네. 알겠습니다.

正解 (1) 재미있게 / (2) 크게

2. -지 않다

- '-지 않다'は動詞、形容詞の語幹について否定の意味を表す。
- '-지 않다'が疑問文に使われる場合には、話し手が不確かな事実について確認するという意味になる。

읽다 : 읽 + 지 않다 → 읽지 않다

가다 : 가 + 지 않다 → 가지 않다

예 (1) 가 : 이 책을 읽지 않았어요?
나 : 네, 읽었어요. 그런데 재미있어서 다시 읽는 거예요.
(2) 가 : 요즘 바쁘지 않아요?
나 : 아니요. 이번 주에는 별로 바쁘지 않아요.

연습 (1) 가 : 선경 씨도 떡볶이를 좋아해요?
나 : 아니요. 저는 매운 음식을 별로 ____________.
(2) 가 : 이 바지는 저한테 너무 ____________?
나 : 네, 좀 커 보이네요. 작은 사이즈로 입어 보세요.

正解 (1) 좋아하지 않아요 / (2) 크지 않아요

제9과

소포를 보내고 싶은데요.

어휘 · 표현

1. 은행 업무 銀行業務

통장을 만들다	通帳を作る
현금카드를 만들다	現金カードを作る
체크카드를 만들다	チェックカードを作る
신용카드를 만들다	クレジットカードを作る
돈을 넣다	入金する
돈을 찾다	お金を引き出す
돈을 보내다	送金する
환전하다	両替する
인터넷뱅킹을 신청하다	インターネットバンキング
분실 신고를 하다	紛失届けを出す
재발급을 받다	再発行を受ける

2. 우체국 업무 郵便局業務

우표를 사다	切ってを買う
연하장을 사다	年賀状を買う
편지를 보내다	手紙を送る
엽서를 보내다	葉書を送る
카드를 보내다	カードを送る
소포를 보내다	小包を送る
택배를 보내다	宅急便を送る
국제 특급 우편(EMS)을 보내다	国際スピード郵便(EMS)を送る

문법

1. -(으)ㄹ

■ '-(으)ㄹ'は動詞の語幹について、後ろにくる名詞を修飾し、将来起きることを表す。

■ 動詞の語幹の最後の音節がㄹ以外の子音で終わる場合は'-을'を使い、ㄹや母音で終わる場合は'-ㄹ'を使う。

먹다 : 먹 + 을 → 먹을
만들다 : 만들 + ㄹ → 만들
가다 : 가 + ㄹ → 갈

예

(1) 가 : 손님, 받으실 분의 계좌 번호를 써 주세요.
나 : 네. 알겠습니다.

(2) 가 : 다음 달에 대전으로 내려가지요? 살 집은 구했어요?
나 : 네, 회사 근처로 구했어요.

연습

(1) 가 : 혹시 기피 ____________ 사람 있어요? 제가 사 올게요.
나 : 저요. 따뜻한 카페라테로 부탁해요.

(2) 가 : 명동에 가서 뭐 했어요?
나 : 친구도 만나고 어머니께 ____________ 선물도 샀어요.

正解 (1) 마실 / (2) 드릴

2. -아도/어도/여도 되다

■ '-아도/어도/여도 되다'は動詞の語幹について、その動作の許可を求めたり、許可をしたりする時に使われる。

■ 動詞の語幹の最後の音節がㅏ、ㅗで終わる場合は'-아도 되다'を使い、ㅏ、ㅗ以外の母音の場合は'-어도 되다'を使う。'-하다'のついた動詞の場合には'-하여도 되다'の縮約形の'-해도 되다'を使用する。

앉다 : 앉 + 아도 되다 → 앉아도 되다

먹다 : 먹 + 어도 되다 → 먹어도 되다

하다 : 하 + 여도 되다 → 하여도 되다 → 해도 되다

예

(1) 가 : 도장 대신 사인을 해도 돼요?
나 : 네, 사인을 하셔도 됩니다.

(2) 가 : 지금은 좀 바쁜데 이따가 전화 드려도 될까요?
나 : 그럼요. 시간 괜찮으실 때 전화 주세요.

연습

(1) 가 : 이 신문 좀 ____________?
나 : 네, 보셔도 돼요.

(2) 가 : 배고픈데 먹을 것 좀 없어요?
나 : 냉장고에 케이크가 있는데 그거 ____________.

正解 (1) 봐도 되지요 / (2) 먹어도 돼요

STEP UP

1. -(으)려고 하다

- '-(으)려고 하다'は動詞の語幹について、そのようにしようとする話者の意思を表す。

- 動詞の語幹の最後の音節がㄹ以外の子音で終わる場合は'-으려고 하다'を使い、ㄹや母音で終わる場合は'-려고 하다'を使う。

읽다 : 읽 + 으려고 하다 → 읽으려고 하다
만들다 : 만들 + 려고 하다 → 만들려고 하다
가다 : 가 + 려고 하다 → 가려고 하다

예 (1) 가 : 뭘 도와 드릴까요?
나 : 분실 신고를 하려고 하는데요.
(2) 가 : 주말에 뭐 했어요?
나 : 친구를 만나려고 했는데 피곤해서 집에서 쉬었어요.

연습 (1) 가 : 새해에 무슨 특별한 계획이 있어요?
나 : 새해에는 운동을 열심히 ______________.
(2) 가 : 어제 영화 잘 봤어요?
나 : 아니요. 영화를 보러 ______________.
그런데 갑자기 일이 생겨서 못 갔어요.

正解 (1) 하려고 하는데 / (2) 가려고 했어요

2. -(으)면 안 되다

- '-(으)면 안 되다'は動詞と形容詞の語幹、'名詞 + 이다'の'名詞 + 이'について、ある行動や状態を許可しないときに使われる。

- 動詞、形容詞の語幹の最後の音節がㄹ以外の子音で終わる場合は'-으면 안 되다'を使い、ㄹや母音で終わる場合は'-면 안 되다'を使う。名詞の場合は名詞の最後の音節が子音で終わる場合は'-이면 안 되다'を使い、母音で終わる場合は'-면 안 되다'を使う。

앉다 : 앉 + 으면 안 되다 → 앉으면 안 되다
만들다 : 만들 + 면 안 되다 → 만들면 안 되다
아프다 : 아프 + 면 안 되다 → 아프면 안 되다
학생이다 : 학생 + 이면 안 되다 → 학생이면 안 되다
학교이다 : 학교 + 면 안 되다 → 학교면 안 되다

예

(1) 가 : 여기에서 전화를 하시면 안 됩니다.
나 : 죄송해요. 밖에 나가서 할게요.

(2) 가 : 여기에 전화번호는 안 써도 되지요?
나 : 안 쓰면 안 돼요. 전화번호도 꼭 쓰세요.

연습

(1) 가 : 여기서 담배를 피워도 돼요?
나 : 여기는 금연 구역이라서 ______________.

(2) 가 : 지금 ______________?
나 : 지금은 회의 중이니까 조금 이따가 들어가세요.

正解 (1) 담배를 피우면 안 돼요 / (2) 들어가면 안 돼요

제 10 과

진아 씨 고향은 어디예요?

어휘 · 표현

1. 방위 方位	
북쪽	北
동쪽	東
남쪽	南
서쪽	西
북동쪽, 동북쪽	北東
동남쪽, 남동쪽	南東
서남쪽, 남서쪽	南西
북서쪽, 서북쪽	北西

2. 도시의 특징 都市の特徴

수도	首都
대도시	大都市
중소도시	中小都市
시골	田舎
인구가 많다/적다	人口が多い/少ない
복잡하다	複雑だ
조용하다	静かだ
깨끗하다	きれいだ
공기가 맑다/좋다/나쁘다	空気が澄んでいる/良い/悪い
역사적이다	歴史的だ
현대적이다	現代的だ
교통이 편리하다/불편하다	交通が便利だ/不便だ

문법

1. -만큼

■ '-만큼'は名詞について、その名詞と似かよった程度であることを表す。

한국 + 만큼 → 한국만큼
어머니 + 만큼 → 어머니만큼

예 (1) 가 : 사나에 씨 고향은 인구가 많아요?
나 : 네. 서울만큼 인구가 많은 대도시예요.
(2) 가 : 스노보드를 배우고 싶은데 어렵지 않을까요?
나 : 저는 작년에 배웠는데 생각만큼 어렵지는 않았어요.

연습 (1) 가 : 여기에 소금은 얼마만큼 넣어요?
나 : 너무 많이 넣으면 짜니까 ____________만 넣으세요.
(2) 가 : 제가 요리를 잘 못 하는데 간단한 요리 없을까요?
나 : 김치찌개를 만들어 보세요. ____________ 쉬운 요리도 없어요.

正解 (1) 이만큼 / (2) 김치찌개만큼

2. -아지다/어지다/여지다

- '-아지다/어지다/여지다'は形容詞の語幹について、その形容詞の状態に変化することを表す。'形容詞の語幹 + -아지다/어지다/여지다'は動詞になる。

- 形容詞の語幹の最後の音節がㅏ、ㅗで終わる場合は'-아지다'を使い、ㅏ、ㅗ以外の母音の場合は'-어지다'を使う。'-하다'のついた形容詞の場合には'-하여지다'の縮約形の'-해지다'を使用する。

많다 : 많 + 아지다 → 많아져요

적다 : 적 + 어지다 → 적어져요

따뜻하다 : 따뜻하 + 여지다 → 따뜻하여져요 → 따뜻해져요

- 形容詞'있다, 아프다'は'-아지다/어지다/여지다'と結合せずに、'생기다, 아프다'を使う。

예

(1) 가 : 아직 5월인데 날씨가 더워졌네요.
나 : 네. 벌써 여름 같아요.

(2) 가 : 저 식당이 지난번에 텔레비전 방송에 나왔지요?
나 : 네. 그 후에 유명해져서 근처에 비슷한 식당이 많이 생겼어요.

연습

(1) 가 : 은경 씨 고향도 대도시예요?
나 : 네. 원래 중소도시였는데 갑자기 인구가 ____________.

(2) 가 : 유스케 씨 한국어 실력이 많이 ____________.
나 : 네. 이제 한국 사람들과 이야기도 할 수 있게 되었어요.

正解 (1) 많아졌어요 / (2) 좋아졌네요

STEP UP

1. -아서/어서/여서 그런지

- '-아서/어서/여서 그런지'は、動詞と形容詞の語幹、'名詞 + 이다'の'名詞 + 이'について、不確かな理由を表す。

- 動詞、形容詞の語幹の最後の音節がㅏ、ㅗで終わる場合は'-아서 그런지'を使い、ㅏ、ㅗ以外の母音の場合は'-어서 그런지'を使う。'-하다'のついた動詞、形容詞の場合には'-하여서 그런지'の縮約形の'-해서 그런지'を使用する。名詞の場合は名詞の最後の音節が子音で終わる場合は'-이라서 그런지'を使い、母音で終わる場合は'-라서 그런지'を使う。

많다 : 많 + 아서 그런지 → 많아서 그런지

적다 : 적 + 어서 그런지 → 적어서 그런지

따뜻하다 : 따뜻하 + 여서 그런지 → 따뜻하여서 그런지
→ 따뜻해서 그런지

봄이다 : 봄 + 이라서 그런지 → 봄이라서 그런지

오후이다 : 오후 + 라서 그런지 → 오후라서 그런지

예
(1) 가 : 오늘 날씨가 추워서 그런지 따뜻한 음식을 먹고 싶네요.
나 : 그래요? 그럼 우리 설렁탕 먹으러 가요.
(2) 가 : 회사 생활은 어때요?
나 : 처음이라서 그런지 힘들어요.

연습 (1) 가 : 무슨 안 좋은 일이 있어요?

나 : 비가 ______________ 기분이 별로 안 좋아요.

(2) 가 : 마코토 씨는 한국에서 오래 ______________ 한국에 대해 모르는 게 없어요.

나 : 네. 그런 것 같아요.

正解 (1) 와서 그런지 / (2) 살아서 그런지

2. -게 되다

■ '-게 되다'は動詞の語幹について、その動詞の状態に変化することを表す。

읽다 :	읽 + 게 되다 → 읽게 되다
하다 :	하 + 게 되다 → 하게 되다

예

(1) 가 : 히로시 씨도 이 가수를 좋아해요?
나 : 전에는 별로 안 좋아했는데 콘서트에 갔다 오고 나서 좋아하게 되었어요.

(2) 가 : 어떻게 한국에 오게 되었어요?
나 : 한국어에 관심이 생겨서 오게 되었어요.

연습

(1) 가 : 요리를 잘 하네요.
나 : 네. 전에는 잘 못 했는데 학원에 다닌 후부터 잘 ____________.

(2) 가 : 왜 한국어를 배워요?
나 : 한국 친구가 많아서 한국어를 ______________.

正解 (1) 하게 되었어요 / (2) 배우게 되었어요